神奇村

達文西

瑪麗・波・奧斯本、娜塔莉・波・博以斯／文

薩爾・莫多卡、吳健豐／圖

劉藍玉／譯

獻給 莉莎・佛斯伯

科學顧問：

愛德華・羅德雷（Edward Rodley）

策展人，任職於美國波士頓科學博物館。

藝術史顧問：

史帝芬・坎培爾（Stephen Campbell）

藝術史學系主任，任職於美國約翰霍普金斯大學。

教育顧問：

海蒂・強生（Heidi Johnson）

地球科學與古生物學教師，任職於美國亞利桑納州比斯畢市的
羅威爾初級中學。

目錄

親愛的讀者：

　　當我們從《瘋狂天才達文西》的冒險歸來，知道了許多達文西的故事，於是我們進一步研究達文西的真實事蹟。

　　我們發現關於這位偉大天才的參考書籍非常多。達文西是無人能比的藝術家、發明家和科學家。他把很多想法寫在筆記本裡，還畫了很多畫作和雕塑的草圖。這些筆記本流傳了下來，不過，達文西的筆記很難看懂，因為他寫字的方式與眾不同——字是反過來寫的（這本書中會告訴你為什麼）！

　　為了找出達文西的生平事蹟，我們

去了圖書館，找有關達文西的書來讀。很多書都有附圖片，可以看到達文西寫的筆記和草圖，以及珍貴的畫作。我們還上網搜尋，但是網路上的資料良莠不齊，還好有老師和爸媽幫忙確認。然後我們也像達文西一樣，把研究的成果和心得統統記錄在筆記本裡！

　　我們已經等不及要向你介紹這位神奇又偉大的天才了！

傑克與安妮　上

1

達文西
和他的時代

　　李奧納多・達文西是有史以來最偉大的藝術家和思想家之一，更是一位不可多得的科學家與發明家。

　　雖然達文西是五百多年前的人，但是直到現在，人們還是很佩服這位天才。

西元 1452 年 4 月 15 日，達文西在義大利中部的文西鎮出生了。

「李奧納多・達文西」這個名字的意思就是：「在文西鎮出生的李奧納多」。達文西的爺爺在筆記本裡記下孫子達文西的出生日期，這本寶貴的筆記本目前還保存在義大利的圖書館。

可惜的是，我們對達文西的童年不太了解，只知道他從小就喜歡塗塗畫畫。不難想像，達文西小的時候一定畫過文西鎮附近常見的動物和植物！另外，我們還知道達文西很喜歡音樂，會彈奏七弦琴。

達文西的筆記本

　　許多關於達文西的故事，
都是他的親朋好友口耳相傳
留下來的。　幸好還有許多達
文西的筆記本和日記也保留

保留下來的達文西筆記本約
有二十五本，　超過七千頁。

了下來，透過這些資料，我們可以好好揣摩這位天才內心的想法。

達文西總是隨身帶著筆記本，出門時，就把它繫在腰帶上。達文西認為，藝術家一定要隨時隨地準備好把靈感或想法記錄下來。他說：「要注意四周，仔細觀察人們。」達文西會隨手把他想到的發明和圖畫描繪在筆記本裡，也會記錄他感興趣的事物或是想研究的對象。可惜達文西死後許多筆記本都不見了。目前保存下來的，有些其實是後人複製的，不是達文西的真跡。

有位知名的藝術專家說，

達文西是有史以來最好奇的人。從達文西的筆記中可以看出，他對所有的事物都很好奇，就連一些雞毛蒜皮的小事也很感興趣，像是啄木鳥的舌頭是怎麼運作的、人怎樣打噴嚏等等。

小達文西和鳶鳥

達文西寫下了他腦海中最早的記憶：當時他還是小嬰兒，躺在搖籃裡，一隻鳶鳥從空中俯衝下來，尾部的羽毛拂過他的嘴脣。

達文西自己也不確定這個記憶是夢境，還是真的發生過，但是達文西認為這是他對鳥類著迷的原因。

11

鳶(ㄩㄢ)鳥(ㄋㄧㄠˇ)是(ㄕˋ)掠(ㄌㄩㄝˋ)食(ㄕˊ)性(ㄒㄧㄥˋ)的(ㄉㄜ˙)鳥(ㄋㄧㄠˇ)類(ㄌㄟˋ)，和(ㄏㄜˊ)鷹(ㄧㄥ)、隼(ㄓㄨㄣˇ)一(ㄧ)樣(ㄧㄤˋ)，屬(ㄕㄨˇ)於(ㄩˊ)猛(ㄇㄥˇ)禽(ㄑㄧㄣˊ)。

達(ㄉㄚˊ)文(ㄨㄣˊ)西(ㄒㄧ)一(ㄧ)生(ㄕㄥ)中(ㄓㄨㄥ)，描(ㄇㄧㄠˊ)繪(ㄏㄨㄟˋ)了(ㄌㄜ˙)許(ㄒㄩˇ)多(ㄉㄨㄛ)鳥(ㄋㄧㄠˇ)類(ㄌㄟˋ)的(ㄉㄜ˙)圖(ㄊㄨˊ)畫(ㄏㄨㄚˋ)，尤(ㄧㄡˊ)其(ㄑㄧˊ)是(ㄕˋ)鳥(ㄋㄧㄠˇ)的(ㄉㄜ˙)翅(ㄔˋ)膀(ㄅㄤˇ)。他(ㄊㄚ)想(ㄒㄧㄤˇ)弄(ㄋㄨㄥˋ)清(ㄑㄧㄥ)楚(ㄔㄨˇ)鳥(ㄋㄧㄠˇ)類(ㄌㄟˋ)翅(ㄔˋ)膀(ㄅㄤˇ)運(ㄩㄣˋ)作(ㄗㄨㄛˋ)的(ㄉㄜ˙)原(ㄩㄢˊ)理(ㄌㄧˇ)，然(ㄖㄢˊ)後(ㄏㄡˋ)運(ㄩㄣˋ)用(ㄩㄥˋ)這(ㄓㄜˋ)些(ㄒㄧㄝ)知(ㄓ)識(ㄕˋ)建(ㄐㄧㄢˋ)造(ㄗㄠˋ)飛(ㄈㄟ)行(ㄒㄧㄥˊ)機(ㄐㄧ)器(ㄑㄧˋ)。達(ㄉㄚˊ)文(ㄨㄣˊ)西(ㄒㄧ)認(ㄖㄣˋ)為(ㄨㄟˊ)，人(ㄖㄣˊ)類(ㄌㄟˋ)總(ㄗㄨㄥˇ)有(ㄧㄡˇ)一(ㄧ)天(ㄊㄧㄢ)可(ㄎㄜˇ)以(ㄧˇ)飛(ㄈㄟ)上(ㄕㄤˋ)天(ㄊㄧㄢ)空(ㄎㄨㄥ)，就(ㄐㄧㄡˋ)像(ㄒㄧㄤˋ)鳥(ㄋㄧㄠˇ)一(ㄧ)樣(ㄧㄤˋ)！

文藝復興

達文西活著的時代，正是歐洲文藝復興時期。

文藝復興開始於西元 1300 年代，持續大約三百年。文藝復興最早在義大利興起，之後擴散到歐洲其他地方。

在文藝復興時期，歐洲人對於古希臘與羅馬的藝術和文化思想，有了新的看法。大家重新探索古希臘與羅馬的藝術和建築內涵，解讀古希臘與羅馬作家的著作，對科學、藝術、音樂和書籍充滿興趣。許多大學、醫院和圖書館，也在這段時期紛紛出現在歐洲各地。

文藝復興時期也是建築師

文藝復興這個名詞源自於法文，是「重生」的意思。

大放異彩、興建許多偉大建築的時代。當時，很多建築

這棟建築是義大利佛羅倫斯的孤兒院，可以看到古希臘與羅馬風格對建築形式的影響。

師都喜歡古希臘與羅馬風格
的建築。

贊助人

　　許多有錢有勢的富豪貴族
對於藝術創作十分感興趣，
常常雇用頂尖的藝術家、詩
人、音樂家，還有工匠，為
他們創造藝術作品。這些有
錢人就是所謂的贊助人。

　　有時候，藝術家會受同一
位贊助人長期雇用。藝術家
一旦遇到有錢的贊助人，就
代表他可以有穩定的收入維
持生活、持續創作。

佛羅倫斯

　　文西鎮離佛羅倫斯不遠，

羅倫佐‧梅迪奇是佛羅倫斯的富豪，也是有名的藝術贊助人。

而佛羅倫斯是義大利文藝復興的起源地。達文西十多歲時，和家人搬到佛羅倫斯，那裡正適合達文西這樣有天分的年輕人成長、學習！

鏡像文字

　　達文西經常用一種很奇怪的字體書寫：他會由右寫到左，而不像一般西方文字那樣，由左寫到右；他寫出來的字也是左右相反的，就像是從鏡子裡看到的影像。因此，必須把達文西寫的文稿放到鏡子前面，看著鏡子裡反射的影像，才讀得懂。

　　研究達文西的專家認為，因為達文西是左撇子，當時寫字又需要用鵝毛筆沾墨水來書寫，可是墨水寫在紙上要好一陣子才會乾，左撇子如果像一般人那樣由左寫到

右，左手就會沾到沒乾的墨水而弄髒紙面，字也會糊成一團，很難閱讀。

不過，如果是寫給一般人閱讀，達文西就會用正常的方式寫字。

2

生活在佛羅倫斯

　　文藝復興時期，義大利不是統一的國家，比較強大的城市會組織政府，並制訂法律。城市之間甚至會開戰。

　　當時的佛羅倫斯以羊毛、絲綢貿易和大型銀行聞名。達文西搬到那裡時，當地居民超過五萬人，有一百多座教堂和五十座公共廣場。

環繞著佛羅倫斯的城牆長達十二公里。

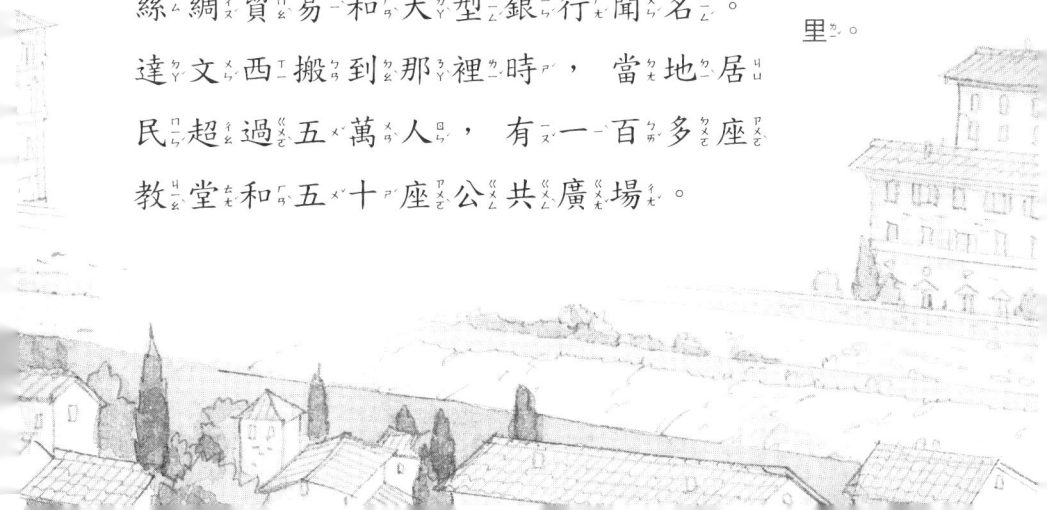

許多富豪貴族，例如梅迪奇家族，會建造大型的豪華宮殿，還會聘請技藝超群的工匠打造各種美侖美奐的家具、擺飾和藝術品。

這棟梅迪奇家族的房子，從牆壁到天花板都畫滿了美麗的壁畫。

城市中最重要的教堂，稱為大教堂。

佛羅倫斯有一座非常漂亮的大教堂，叫做聖母百花大教堂，醒目的紅色大圓頂高聳矗立，有 110 公尺高，從好幾公里以外就可以看到！

佛羅倫斯的居民如果離家一段時間，都會特別想念這座美麗的大教堂。

城市的重心

　　市集是佛羅倫斯的重心，位於城中最古老的區域，是一座鋪了石塊的廣場。從很久很久以前，人們就聚集在這裡，進行各種買賣。

　　熱鬧的市集裡，除了有各種貨物，還有許多聲音、氣

味混合在一起： 商人大聲叫
賣商品； 騎著馬的包打聽穿
梭在擁擠的人群中， 提報今
天發生的新鮮事； 老闆和客
人討價還價； 好朋友忘情大
笑的打招呼； 空氣中充滿了
花朵的芬芳、 香料的氣味、

麵包和食物的誘人香味……成千上萬的人擠在這裡購買衣服、器皿和各種食品！

達文西一生都非常愛護動物，所以幾乎都吃素。據說他常常在市集買下關在籠子裡的鳥，然後將鳥放在手掌

達文西筆下貓咪的各種姿態。

心，讓牠自由的飛走。

家居生活

大多數的人都住在大街旁的店面樓上。有些是一家人擠在一間小房間，裡面通常又窄又暗。一般人家裡沒有多少家具，窗戶也是用油紙代替昂貴的玻璃。一些老舊的房子連煙囪都沒有，炊煙直接從屋頂的洞冒出來。

公會

工匠、雕刻家和商人，會各自組成不同的團體，稱為公會。每個公會都會制訂行規，公會成員在進行買賣時必須遵守這些規矩。平時公

當時的佛羅倫斯有二十多個不同的公會。

27

會成員散布在城鎮各處，經營自己的店鋪。

當時，佛羅倫斯有羊毛與絲綢公會、木匠公會、銀行公會、乳酪公會和屠夫公會等。畫家沒有自己的公會，而是隸屬於醫師與藥劑師公會，因為畫家會向藥劑師購買顏料粉末來作畫。

藥劑師會調製並販售藥物。

學徒達文西

達文西從小就喜歡塗塗畫畫。達文西的父親發現他很有天分，就帶了幾張作品給藝術大師維洛吉歐鑑定。看過達文西的畫之後，維洛吉歐同意收達文西為學徒。

學徒為大師工作，學習一技之長。

學徒通常是十四歲就開始

拜師學藝，但研究達文西的專家則認為，達文西大約在十六歲時，才進入維洛吉歐的工作坊。

在維洛吉歐繁忙的工作坊裡，達文西和其他學徒一起學習使用銀、青銅、木頭、大理石等材料創作，還要打造鐘和樂器。清潔打掃、磨製顏料和清洗畫筆等雜務，也都是學徒的工作。

不公平！女生很少有機會當學徒！

大師維洛吉歐教導達文西繪畫。當時大多數的畫家創作都採用**蛋彩**，也就是在**顏料**中加入蛋黃來作畫。但維洛吉歐傳授達文西一種比較新的畫法：用油彩來畫圖，也就是「油畫」。

油畫是用油來調製顏料，而不是蛋黃。油畫乾得比較慢，但是色彩比較豐富、逼真，顏色能混合得更均勻。

達文西的第一幅畫

學徒的技巧純熟後，就能和老師共同創作。很多專家認為，在維洛吉歐的畫作**基督受洗圖**中，達文西幫忙畫了左下角的天使和背景。

顏料是用植物或礦物研磨而成的彩色粉末。

據說維洛吉歐看到達文西畫的天使後，了解到達文西的藝術天分遠超過他，從此以後就封筆不再作畫了。

基督受洗圖

達文西畫的天使

達文西的工作坊

　　二十歲時，達文西加入公會，成立工作坊，開始繪畫與雕塑。沒多久，他就聲名大噪，開始接受委託創作。

　　達文西在佛羅倫斯過得很

達文西畫這幅戰士的畫像時，還只是個佛羅倫斯的小伙子。

忙碌。 他是出名的美男子，喜歡為朋友烹煮美食， 經常幽默的逗大家笑。 他還把一隻大蜥蜴裝上翅膀和角， 用來驚嚇訪客。

米蘭與史弗薩大公

達文西自立門戶十年後，需要有勢力的贊助人支持他進一步創作， 於是他寫信給米蘭的統治者史弗薩大公，介紹自己是藝術家， 也是高超的發明家和工程師。 大公雇用了他， 於是達文西搬到米蘭。 他在米蘭居住了十七年， 創作許多偉大的作品。但他始終對佛羅倫斯念念不忘， 陸續又回去幾次。

音樂家達文西

　　達文西搬到米蘭的時候，帶了自己設計的七弦琴，演奏給史弗薩大公欣賞。達文西特製的七弦琴是用銀打造的，還做成馬頭的造型。

　　達文西擅長的七弦琴，上面有七根弦，演奏時，用琴弓摩擦弦而發出聲音，外形看起來有點像小提琴。

　　據說達文西會一邊演奏七弦琴，一邊吟唱詩歌，很擅長即興創作。

　　也有證據顯示達文西會作曲，只可惜他創作的音樂都失傳了。

3

夢想家達文西

　　達文西在寫給史弗薩大公的推薦信中，說自己能設計又輕又堅固的橋梁，還會規劃排水系統、製造大砲、強化戰艦、摧毀堡壘，甚至能打造裝甲戰車。

　　達文西在筆記本裡圖文並茂的記錄了好幾百個發明的靈感，但大部分都沒有實際做出來，因為當時沒有足夠

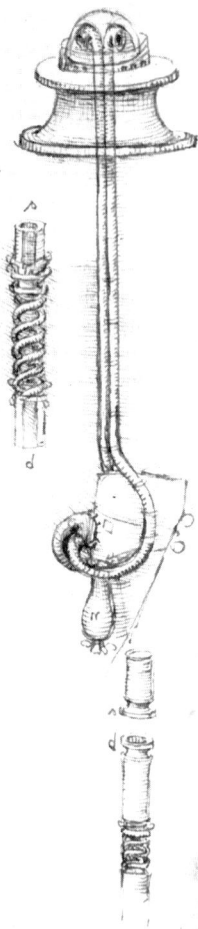

的技術、工具和經費來開發這些新發明，那時也還沒發現電能，驅動機器得靠人力或獸力。

達文西構想許多大計畫，像是打造飛行機器、興建運河、房屋和橋梁，還規劃了一座理想的城市。他也發明小東西，像是隱形眼鏡、可在水面行走的鞋子、潛水裝備、救生衣、游泳用的手蹼等等。

大多數人從來沒有想過這些事物，達文西是超越時代的夢想家。他

達文西設計的潛水裝備，讓人可以在水中呼吸。

38

在腦海中想像這些發明，然後記錄下來。

裝甲戰車

達文西宣稱他能建造出無敵的裝甲戰車，沒有任何武器能破壞它。他的戰車草圖看起來很像現代的坦克車。

達文西設計的裝甲戰車草圖與現代的坦克車。

裝甲戰車裡可以搭載八名士兵，負責轉動輪軸讓車子前進；車身兩側還有一開口，士兵可以向外發射武器。

達文西曾經想用馬匹取代人力，來驅動裝甲戰車。不過，他後來放棄這個想法，因為馬可能會受到驚嚇而無法正常工作。

如果達文西設計的裝甲戰車真的建造出來，會因為龐大的重量而無法操縱，而且由於兩邊車輪的運轉方向相反，根本無法前進！

坦克車是現代軍隊普遍的配備，一直到西元 1915 年才建造出來 —— 比達文西的設計大約晚了四百年。

雖然達文西發明了一些武器，但其實他痛恨戰爭，覺得戰爭就像洪水猛獸一樣。

船與潛水艇

達文西設計過一艘底部有兩層殼的船。如果最外層的船殼被砲彈擊破了，第二層船殼可以防止船體進水而沉沒。這種「雙重船殼」的設計很棒，也是目前世界通用的概念。為了安全考量，目前所有載人的客運船隻都採用雙層船殼的設計。

達文西也設計了單人潛水艇，但是不能完全潛到水下面航行，只能偷偷在水中前進，偷襲其他船隻。

一直到二十世紀，潛水艇才廣泛應用在海戰中。現在的潛水艇可以完全在水底下航行，而且能潛航很多天。

這是根據達文西的設計做出來的模型船，轉動兩側的槳葉，就可以讓船前進。

西元 1940 年，義大利將一艘潛水艇命名為「達文西號」，以紀念這位偉大的發明家。

戰爭武器

達文西為史弗薩大公設計

過_{ㄍㄨㄛˋ}各_{ㄍㄜˋ}式_{ㄕˋ}各_{ㄍㄜˋ}樣_{ㄧㄤˋ}的_{ㄉㄜ˙}武_{ㄨˇ}器_{ㄑㄧˋ}，　像_{ㄒㄧㄤˋ}是_{ㄕˋ}有_{ㄧㄡˇ}

三_{ㄙㄢ}根_{ㄍㄣ}砲_{ㄆㄠˋ}管_{ㄍㄨㄢˇ}的_{ㄉㄜ˙}大_{ㄉㄚˋ}砲_{ㄆㄠˋ}、　巨_{ㄐㄩˋ}型_{ㄒㄧㄥˊ}投_{ㄊㄡˊ}石_{ㄕˊ}

機_{ㄐㄧ}和_{ㄏㄜˊ}新_{ㄒㄧㄣ}型_{ㄒㄧㄥˊ}的_{ㄉㄜ˙}巨_{ㄐㄩˋ}大_{ㄉㄚˋ}十_{ㄕˊ}字_{ㄗˋ}弓_{ㄍㄨㄥ}。

達_{ㄉㄚˊ}文_{ㄨㄣˊ}西_{ㄒㄧ}設_{ㄕㄜˋ}計_{ㄐㄧˋ}的_{ㄉㄜ˙}巨_{ㄐㄩˋ}型_{ㄒㄧㄥˊ}十_{ㄕˊ}字_{ㄗˋ}弓_{ㄍㄨㄥ}

十字弓是用來發射弓箭的武器。在達文西的時代，通常由三位士兵一組來操作：一位負責裝設弓箭，一位負責瞄準射擊，另一位則拿著大盾牌保護大家。這種十字弓能射三百多公尺遠。

達文西設計了一款單人操作的巨型十字弓，像貨櫃車那樣大，不過沒有真的建造出來。他還設計了很多種武器，像是多管機關槍、手榴彈、飛彈等等。

降落傘

達文西還設計用亞麻布製作降落傘，重量超過四十公斤。他宣稱這個降落傘可以

達文西研究怎樣將砲彈射得又高又遠，據說他曾經把砲彈射到三千公尺高！

讓人從任何高度跳下來，都不會受傷。

西元 2000 年，英國跳傘家尼可拉斯按照達文西的設計圖，用木棍和布做出龐大的降落傘，然後搭乘熱氣球到離地面三千公尺的高空中，帶著降落傘一躍而下！

你猜結果怎麼樣？尼可拉斯平安降落地面。不過，達文西設計的降落傘太重了，尼可拉斯最後是用現代的降落傘著陸，以免被沉重的降落傘壓傷。

西元 2008 年，瑞士的跳傘家維堤德帕改用輕薄的材質製作達文西的降落傘，然後從六百五十公尺的空中往下

跳，最後安全著陸，證明達
文西的設計真的可行！

維堤德帕根據達文西的設計圖製
造降落傘，並用它跳傘成功！

令人讚嘆的大橋

西元 1502 年，土耳其蘇丹

王巴耶濟德二世聘請達文西設計一座特別的橋。達文西繪製了非常美麗的草圖，可惜蘇丹王後來放棄造橋。

五百年後，一位挪威工程師模仿達文西的設計，在挪威南部搭起這座美麗的橋，並命名為「達文西橋」。

這座橋位於挪威的奧斯陸，只供行人和自行車通行。

飛行機器

達文西一生中設計了許多飛行機器，其中一種稱為撲翼機：飛行員趴在機翼下方的木造平臺上，用雙腳踩動踏板，踏板就懸掛在機翼底下，能推動機翼。達文西希望靠人力提供足夠的動力，讓撲翼機飛離地面。

不過，達文西對這項設計似乎沒什麼把握，他在筆記中註明最好能

在湖面試飛，而且飛行員最好在腰部綁上浮板，以防萬一失事落水。

達文西還設計了滑翔翼和雙人撲翼機，由兩個人分別操作兩邊的機翼。

達文西也畫了直升機的草圖，設計出螺旋狀的機翼，他相信只要旋轉得夠快，直升機就能升空。

達文西設計的直升機跟現代的直升機很不一樣。

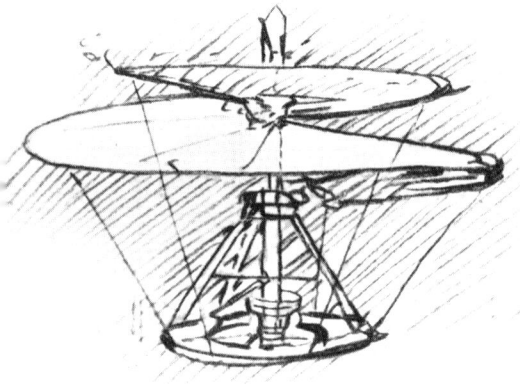

達文西曾經飛上天嗎？

沒有人知道達文西是不是真的打造出飛行機器。不

過，達文西在日記中寫著：「大鳥」即將在切切利山首次飛翔，一定會震驚全世界！

切切利山就在達文西家附近，「大鳥」是不是飛行機器？達文西親自試飛了嗎？

傳說達文西真的試飛過，但失敗了。也有傳說達文西的學徒試飛了飛行機器，結果失事墜地，跌斷一條腿。就算這些傳聞是真的，達文西也沒有放棄飛行的夢想。

達文西曾經說，如果人類可以飛行，那一定很美妙，會讓大家時時刻刻仰望著天空。他如果活在現代，應該會很開心──可以搭飛機旅行，像鳥一樣翱翔在雲間！

黑死病

達文西住在米蘭那幾年，爆發了一種可怕的傳染病，死了好幾千人。染病的人會全身長滿黑色斑點，當時把這種病稱為黑死病，現代則稱為鼠疫。黑死病一度造成歐洲三分之一的人口死亡。

當時，城市的汙水是直接排放到街道上，到處都有老鼠和跳蚤。人被帶有鼠疫病菌的跳蚤叮咬，就會染病。

達文西了解米蘭的環境很不衛生，特別規劃了一座理想的城市，希望讓人們享有更好、更乾淨的生活。

十七世紀的義大利醫生會戴著鳥嘴狀的面具，裡面塞滿草藥，以避免感染瘟疫。不過，我們不確定達文西時代的醫生是不是也會戴著這種面具。

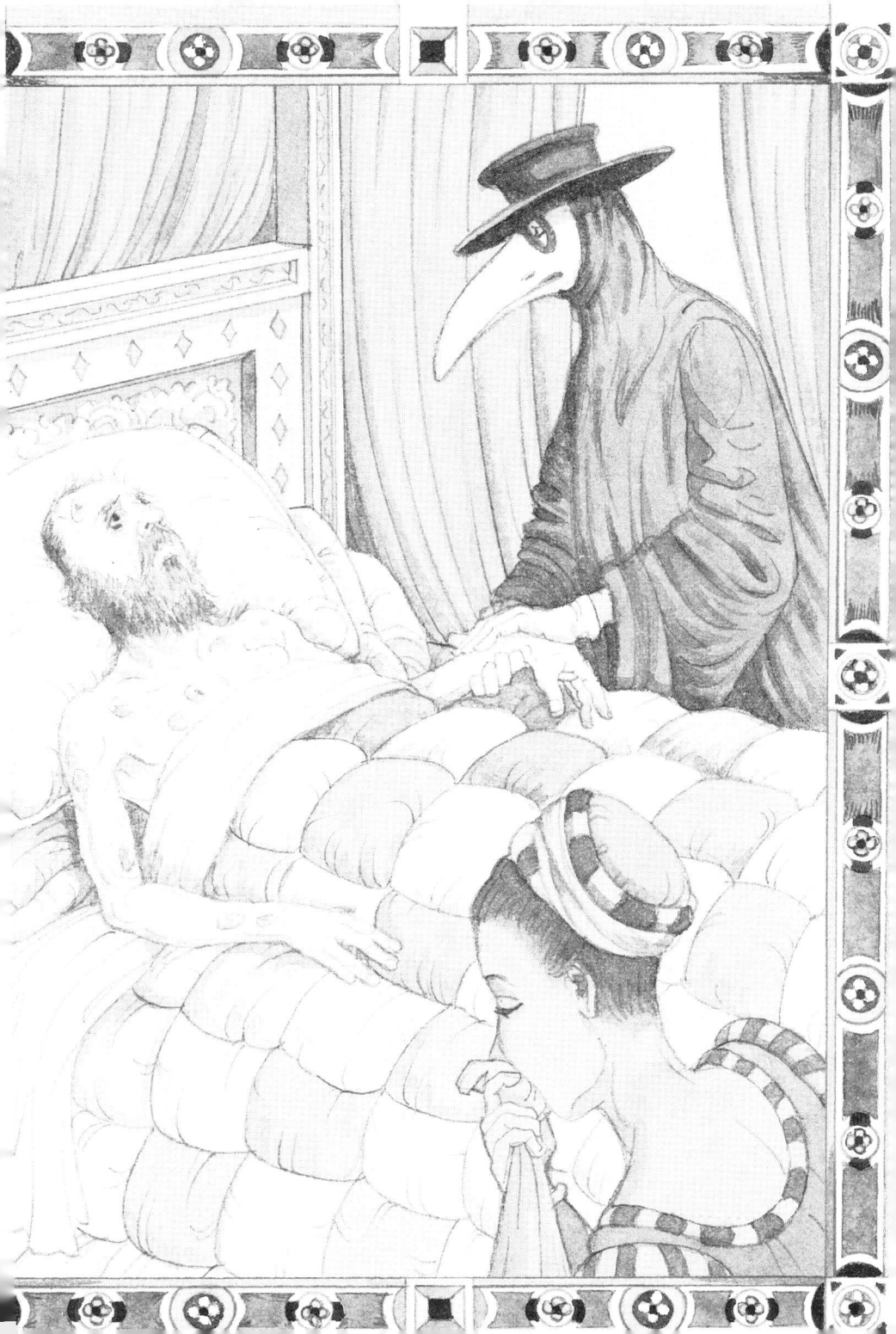

4

科學家達文西

　　達文西對任何事情都感到好奇。為了了解地球以前的樣貌，他研究岩石和化石。他也探索水的流動，思考如何利用水壓來驅動機器。

　　他還研究天氣，記錄暴風雨的來襲，在筆記中描述旋風掀翻屋頂的狀況。他研究了雲、雨和閃電，甚至還察覺月亮會影響海洋潮汐。

達文西空閒時會研究數學，還自學拉丁文。

他學數學只是為了好玩？

研究人體

達文西對人體的各項功能與構造十分好奇。他想知道眼睛、骨骼與肌肉的相關知識，還想了解血液怎樣在體內流動。當時並沒有 X 光機可以讓他看到人體內部的構

造，所以達文西一輩子都在研究人體**解剖學**。

達文西上過大學和醫院的解剖學課程。老師在課堂上**解剖**屍體，達文西則在一旁畫下他看到的人體構造。

之後，達文西也動手解剖人體。當時，沒有政府許可就私自解剖人體是違法的，達文西雖然是藝術家，還是想辦法拿到了解剖許可證。他解剖過三十具人體，男女老少都有。

一開始，達文西研究人體的肌肉和肌腱，之後他畫下骨骼、心臟和血管的形態。他所畫的人體解剖圖鉅細靡遺，令人驚訝！達文西曾經

解剖學就是研究動物、植物等生物體結構的學問。

解剖是切開植物或死掉的動物身體來研究。

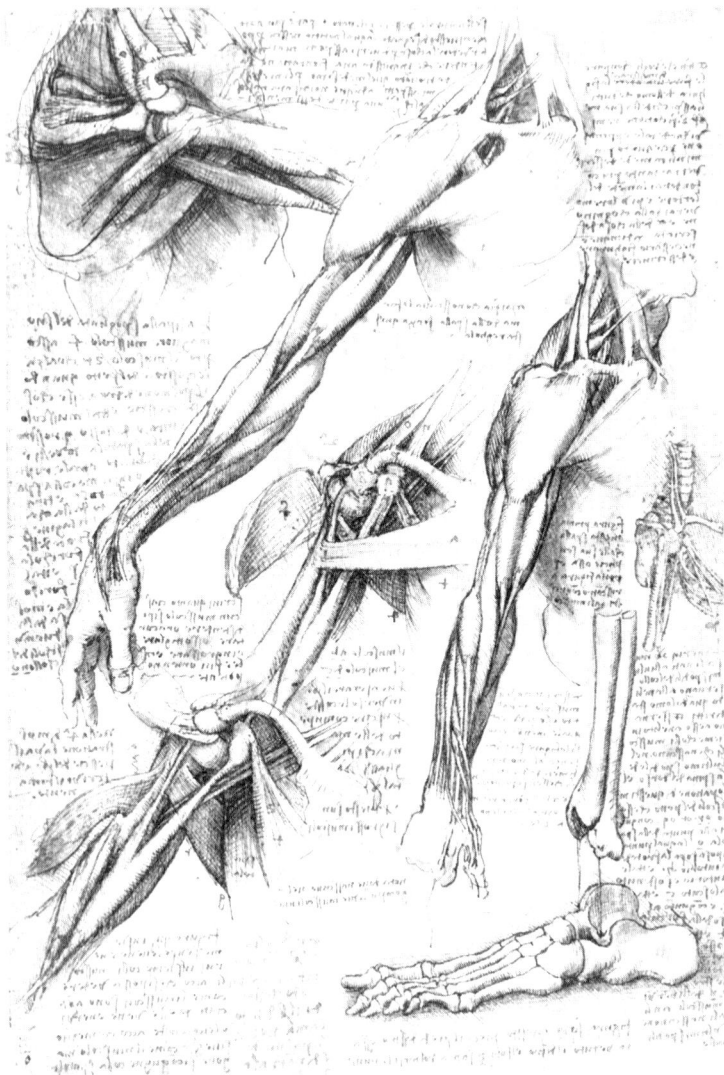

達̊文̊西̊研̊究̊人̊體̊肩̊膀̊、 手̊臂̊和̊腳̊所̊做̊的̊筆̊記̊。

58

想用這些圖出版一本關於人
體解剖學的書。

達文西的健康守則

1. 餓了才吃，細嚼慢嚥。
2. 只吃簡單、煮熟的食物。
3. 不要生氣動怒，避開混
   濁的空氣。
4. 晚上睡覺要蓋被。
5. 充分休息，保持
   心情愉快。

植物學家

　　達文西經常研究自然，十
分了解植物，是一位很棒的
植物學家。他畫下許多美麗
的花朵、樹木、葉子，連穀

這是達文西畫的花， 很漂亮吧！

物的莖也畫得很精采。　他詳細的畫出植物的每個部位，還以各種不同角度來描繪。遺憾的是，　這些美麗的植物圖稿只有十三幅流傳下來。

化石

達文西知道義大利北部的山上有層層堆積的貝殼和化石。　當時的人大多認為，　以前曾經發生大洪水，　淹沒了山頂，　山上的化石和貝殼是大洪水消退之後留下來的。

達文西並不這麼想。　他覺得洪水不可能把化石和貝殼一層一層堆積起來，　就算有大洪水淹沒高山，　水退的時候，　也只會把化石沖刷到山

腳下。因此，達文西認為，在高山還沒出現之前，大地是汪洋一片，化石和貝殼一層一層的沉積在海底。後來山脈隆起，原本沉積在海底

達文西研究過這種古代的海洋生物化石。

的化石和貝殼就跟著被推出水面。 現代的科學理論證明達文西的看法完全正確！

達文西曾經說：「張開你的眼睛！」他一生中無時無刻都在觀察周遭萬物， 也不停的動腦思考事物運作的原理。

翻到下一頁，看看達文西的長相吧！

達文西的長相？

　　沒有人知道達文西長什麼樣子，但專家認為，下方和右上方這兩幅圖，達文西是以自己為模特兒畫的。專家也認為，拉斐爾的名畫**雅典學院**中，希臘哲學家柏拉圖是根據達文西的長相畫的。

這幅圖據說是達文西的自畫像。

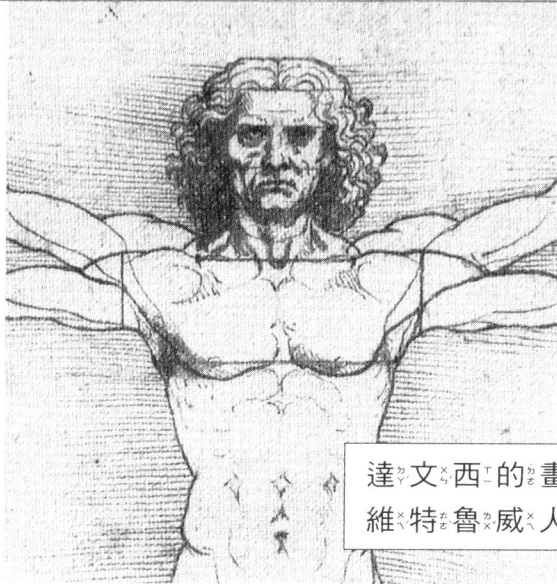

達文西的畫作：維特魯威人。

拉斐爾的畫作：雅典學院。

柏拉圖

5

藝術家達文西

　　達文西在寫給史弗薩大公的信中說：「不管是什麼繪畫技法，全都難不倒我。」達文西很擅長表現人體肌膚和毛髮的顏色、細節，以及服飾的皺褶，色彩深刻又豐富。他採用新的方法作畫，讓畫面的前景看起來比背景更突出。他還運用顏色的深淺，讓圖畫更加自然生動。

米蘭工作坊

　　達文西曾說，工作坊裡要有花朵、音樂和秩序。和維洛吉歐一樣，達文西也收了學徒。據說他很嚴格，不准學徒在二十歲前動筆繪畫，得先學會素描等基本技巧。

　　達文西很喜歡一位學徒，綽號叫做「沙萊」，他十歲就進入達文西的工作坊。

　　沙萊這個綽號在原文的意思是「小惡魔」，因為他很

達文西還為學徒編寫繪畫的教材。

調皮。達文西好幾次逮到他偷東西去換錢，買糖果吃。

沙萊跟隨達文西將近三十年。達文西去世後，留給他一座小花園、一棟房子和幾幅很有名的畫作。

巨大的駿馬

　　維洛吉歐教過達文西鑄造
青銅雕像的技巧。有一天，
史弗薩大公委託達文西以青
銅鑄造一尊騎馬的雕像——
全義大利最大的雕像！大公
希望用它來紀念父親。

達文西為大公的青銅雕像畫了
許多草圖，這是其中一張。

達文西仔細研究了各種馬的雕像，素描了馬的各種姿勢。達文西原本打算讓巨馬用後腿直立起來，前腳離地騰躍。後來，他發現雕像太重了，無法只靠後腿支撐。最後，達文西和學徒用黏土做出一尊昂首闊步、神氣活現的巨馬模型，有4.8公尺高，全長7.3公尺，是真實馬匹的三倍大！模型在大公的宮殿前展示，全米蘭的人都為這個傑作歡呼喝采。

　　達文西準備要開始鑄造巨馬雕像的時候，法國入侵米蘭，史弗薩大公於是把原本要鑄造雕像的金屬原料拿去打造大砲。

7.3公尺大約是四個大人的身高加起來那麼長。

大公為巨馬雕像準備了四十公噸的金屬。

71

後來米蘭戰敗了，法國士兵進入米蘭，把巨大的黏土模型當作箭靶，練習射箭，毀了達文西的巨馬模型。

最後的晚餐

大公也要求達文西在一座教堂的牆上繪製壁畫，主題是《聖經》裡的故事：耶穌和十二位門徒共進最後一次晚餐。後來，這幅大型壁畫就稱為最後的晚餐。

達文西畫了許多草稿後，才開始用顏料在牆面作畫。根據目擊者的描述，達文西常常很早就到教堂；有時候一整天不停的作畫；有時停工好幾天，去忙巨馬雕像。

72

他也常常雙臂交叉，站在壁畫前面沉思。有一次，他突然衝進教堂，抓起畫筆，爬上梯子，匆匆畫了幾筆，然後又跑開。

這幅壁畫裡，耶穌坐在餐桌正中央，十二位門徒分坐在餐桌兩邊。整幅畫的顏色很柔和，每個人物的表情都栩栩如生，各有特色。

然而，壁畫有個大問題。達文西沒有把牆壁表面的隔絕做好，教堂的溼氣很重，壁畫很快就剝落、褪色了。

多年來，**最後的晚餐**遭到多次損傷：壁畫所在的房間淹水好幾次，壁畫中央還開了一道小門，教堂更曾經作

為了畫出耶穌和門徒的臉孔，達文西在米蘭四處尋找適合的模特兒。

73

為ㄨㄟˊ馬ㄇㄚˇ廄ㄐㄧㄡˋ。 最ㄗㄨㄟˋ驚ㄐㄧㄥ險ㄒㄧㄢˇ的ㄉㄜ˙一ㄧˊ次ㄘˋ是ㄕˋ在ㄗㄞˋ第ㄉㄧˋ二ㄦˋ次ㄘˋ世ㄕˋ界ㄐㄧㄝˋ大ㄉㄚˋ戰ㄓㄢˋ期ㄑㄧˊ間ㄐㄧㄢ， 好ㄏㄠˇ幾ㄐㄧˇ枚ㄇㄟˊ炸ㄓㄚˋ彈ㄉㄢˋ炸ㄓㄚˋ裂ㄌㄧㄝˋ了ㄌㄜ˙牆ㄑㄧㄤˊ面ㄇㄧㄢˋ。

　　專ㄓㄨㄢ家ㄐㄧㄚ努ㄋㄨˇ力ㄌㄧˋ修ㄒㄧㄡ復ㄈㄨˋ這ㄓㄜˋ幅ㄈㄨˊ壁ㄅㄧˋ畫ㄏㄨㄚˋ。 最ㄗㄨㄟˋ近ㄐㄧㄣˋ一ㄧˊ次ㄘˋ修ㄒㄧㄡ復ㄈㄨˋ花ㄏㄨㄚ了ㄌㄜ˙二ㄦˋ十ㄕˊ年ㄋㄧㄢˊ， 但ㄉㄢˋ是ㄕˋ很ㄏㄣˇ多ㄉㄨㄛ人ㄖㄣˊ都ㄉㄡ說ㄕㄨㄛ顏ㄧㄢˊ色ㄙㄜˋ變ㄅㄧㄢˋ得ㄉㄜ˙太ㄊㄞˋ

亮了，人物的表情也跟以前不一樣。我們永遠也無法看到達文西最初所畫的樣子。

達文西花了三年繪製最後的晚餐。這幅是複製的畫。

蒙娜麗莎的微笑

蒙娜麗莎可以說是世界上最著名的畫作。專家考證發現，年輕的蒙娜麗莎是一位富翁的妻子。許多人認為，是蒙娜麗莎的丈夫出錢聘請達文西為她繪製肖像。

達文西從 1503 年開始作畫，花了三年才完成。達文西始終保留這幅畫，一直到十六年後他過世的時候。沒人知道為什麼達文西沒有把畫交給委託的人。

大家都很好奇，畫中的蒙娜麗莎是不是在微笑；如果在微笑，又是在笑什麼呢？

達文西為了畫出這種神祕的感覺，在蒙娜麗莎的眼睛

據說達文西為了讓蒙娜麗莎保持愉快的心情，還雇用歌手和樂隊到作畫的現場來表演。

蒙娜麗莎的姓是吉奧孔達，所以這幅畫也稱為吉奧孔達夫人。

和嘴巴周圍細膩的塗上許多顏色。專家說，他疊了四十多層顏色！這種**技法**稱為**暈塗法**，是達文西發明的。

技法就是技巧和方法。

77

暈塗法這個詞在義大利文的意思是「朦朧的」，是將顏色調和在一起，模糊物體的輪廓，產生朦朧的效果。這種技法讓人很難分辨蒙娜麗莎是真的在微笑，還是她嘴邊的陰影造成了錯覺。

　　達文西去世時，將蒙娜麗莎留給沙萊。之後，法國國王買下這幅畫，現在收藏在法國巴黎的羅浮宮博物館。

安吉里之戰

　　佛羅倫斯城曾聘請達文西在維奇奧宮創作一幅壁畫，內容是呈現米蘭與佛羅倫斯之間的著名戰役。這幅壁畫稱為安吉里之戰。

維奇奧宮是佛羅倫斯的市政廳。

78

達文西準備了兩年，在筆記本中草擬了戰爭的場景：人馬雜沓，士兵激烈的戰鬥著，既殘酷又震撼，讓人想起戰爭的可怕。有些專家認為這是達文西最好的作品！

　　達文西用蠟混合顏料，以便在牆上作畫。他開始繪製時，一場暴風雨侵襲佛羅倫斯，雨水從牆上沖刷下來。達文西將好多個火盆擺在牆壁周圍，想烤乾壁畫，但是熱氣反而讓蠟融化，毀了壁畫。達文西最後只畫好一部分，不知道為什麼，他沒有完成它。很多年後，又有人在這面牆上作畫，所以只有達文西的草圖留下來。

蒙娜麗莎被偷了！

西元 1911 年 8 月 21 日，巴黎騷動不安，因為蒙娜麗莎不見了！小偷把它從羅浮宮的展示牆上偷走了。

當局緊急調派六十名探員和一百名警察到羅浮宮，將博物館關閉一個星期，仔細搜索任何可能的蛛絲馬跡。

警方偵訊負責看守這幅畫的警衛，他坦承自己擅離職守，跑到外面抽菸五分鐘。雖然警方努力不懈的調查，可是一直沒有找回這幅畫。大家都怕蒙娜麗莎會從此消失不見。兩年後，這幅畫才

在佛羅倫斯出現，因為小偷
想出售它。這次事件之後，
蒙娜麗莎二十四小時都有警
衛看守。現在，還多了一層
強化的玻璃框保護它！

6

同時期的大師

　　達文西認識一些當時最知名的人物，有些是藝術家，有些是數學家、建築師、音樂家、政治家、哲學家和詩人。他們都富有文藝復興時期的精神，對新的觀念、新的發現感到興奮又好奇。

　　達文西曾經寫下：人必須虛懷若谷，渴望聆聽不同的意見。他和朋友常常聚在一

起討論，交換心得。

達文西住在米蘭時，認識了帕奇歐里。他是知名的數學家，寫過幾本數學書籍，還在大學教書。達文西因此開始對數學感興趣，還請帕奇歐里教他。兩個人變成非常要好的朋友，帕奇歐里甚至搬去和達文西一起住。法國攻打米蘭的時候，他們結伴逃離米蘭。

依莎貝拉是達文西另一個好朋友，她是出身皇室的貴族，非常富有。

不像當時的女性，依莎貝拉受過非常好的教育，很喜歡學習，是一位富有文藝復興氣息的女性。她十分熱愛

藝術，也是很多畫家的贊助人。跟達文西一樣，依莎貝拉也是發明家和優秀的音樂家。達文西為她畫的肖像流傳至今。

在所有朋友當中，達文西最感激的應該是托爾醫生。年輕的托爾醫生在帕維亞大學教授解剖學。達文西就是在托爾醫生的課堂上開始研究解剖學。托爾醫生解剖人體的時候，達文西就在一旁做筆記，畫下他看到的器官和組織。

可惜的是，托爾醫生英年早逝，二十九歲就去世了。達文西也從此失去一位尊敬的老師與摯友。

阿爾柏提

阿爾柏提是一位著名的建築師，年紀比達文西大了許多。他也是詩人、音樂家、哲學家、雕刻家和作家。

達文西搬到佛羅倫斯時，曾研究阿爾柏提的思想，深受影響，特別是藝術方面。阿爾柏提寫過一本繪畫的書籍，主張畫家應該要了解數學、詩歌與歷史。跟達文西一樣，阿爾柏提也很喜歡動物。他會訓練馬匹，還為他最愛的狗寫書。阿爾柏提的體格非常健壯，傳說他曾經徒手將蘋果從地面丟上聖母百花大教堂的屋頂（這個距離比一座足球場還長呢）！

米開朗基羅

　　米開朗基羅是世界上最偉大的藝術家之一，創作出許多令人讚嘆的油畫、素描和雕塑作品，同時也是傑出的建築師。他最有名的作品是雕像和羅馬梵蒂岡西斯汀禮拜堂天花板上的彩繪。

　　米開朗基羅與達文西相識時還很年輕，那時達文西已經五十多歲。他們相處得不太融洽，達文西的脾氣很溫和，米開朗基羅卻是脾氣暴躁又不合群。有幾個流傳至今的故事，都提到米開朗基羅對達文西既粗魯又無禮。

　　達文西埋首繪製**安吉里之戰**的同時，米開朗基羅也在

同一間大廳的另一面牆上創作壁畫。跟達文西一樣，米開朗基羅也沒有完成那幅壁畫，因為他到羅馬進行另一件工作了。

布拉曼帖

布拉曼帖是畫家，也是建築師。他在米蘭設計一座教堂的擴建時，認識達文西。

跟達文西一樣，布拉曼帖也是天才。他本來是畫家，卻熱愛建築。他和達文西分享他對建築的喜好，還教達文西許多建築的技術。布拉曼帖也跟達文西一樣喜愛音樂，會彈奏七弦琴。他十分和藹可親，朋友很喜歡開他玩笑，還寫了一首好笑的詩取笑他對梨子的喜愛。

布拉曼帖設計了令人讚嘆的聖彼得大教堂，它位於羅馬梵蒂岡。許多人認為這是全世界最美麗的教堂。

拉斐爾

專家認為，達文西、米開朗基羅和拉斐爾是文藝復興時期最偉大的藝術家，拉斐爾是三人當中最年輕的。

拉斐爾在充滿藝術氣息的環境中長大，父親是專門替貴族繪畫的畫家，親自教導他繪畫的技巧。拉斐爾學得很快，是天生的藝術家。

拉斐爾才華洋溢，很快就嶄露頭角，十多歲就被稱為大師。大家都喜歡這位親切友善又英俊的年輕人。

達文西和米開朗基羅的作品對拉斐爾影響很深。他在短暫的一生中，創作了很多出色的油畫。就在聲譽達到

最高峰的時候，拉斐爾突然生病發高燒，在三十七歲生日當天死於羅馬。好幾千人到他的喪禮致哀，棺木前放著他生前最後的畫作。

7

天才之死

　　達文西的年紀愈來愈大，健康狀況愈來愈差，右手也漸漸不聽使喚了。後來他接受法國國王法蘭西斯一世的邀請，搬到法國去。國王安排達文西住在離皇宮很近的鄉間別墅。達文西經常和國王一起討論藝術與科學。

　　在人生最後的三年，達文西致力於整理自己的筆記。

他在 1519 年去世，享年六十七歲。之前，大家認為達文西死在國王的懷裡，但目前專家認為，達文西過世的時候，國王並不在現場。他安葬在法國的聖佛羅倫斯教堂。 1802 年，教堂被毀，工人拆除墓園裡的墓碑去修建附近的住宅，所以現在沒有人知道達文西埋在哪裡。

達文西的筆記本

達文西死後留給朋友一些書和畫作，他最偏愛的助手梅爾濟則接手保管他的筆記本。梅爾濟死後，很多筆記本被偷走、賣掉或是遺失。大家都想得到他的筆記。

西元 1966 年時，在西班牙的國家圖書館發現了兩本達文西的筆記本。

全能的天才

長久以來，大家都認為達文西是畫家，而忘了他其餘的事蹟。將近四百年，沒有人好好研究達文西留下來的筆記，還好博物館和圖書館終於開始收藏這些筆記。

研究過後，大家才了解達文西是全方位的天才：他是天生的科學家和發明家，對自然、藝術和建築也有很多想法，而且他提出的許多見解都很正確。現在，不管男女老少，都受到達文西作品的啟發。他如果地下有知，應該會很驚訝，每年竟然有八百萬人去羅浮宮看他最愛的蒙娜麗莎。

法國國王法蘭西斯一世曾經說，世界上沒有人像達文西這麼博學多聞。

很多人也覺得達文西的天才是空前絕後的，再也不會有第二個這樣的人了。

進一步的研究

　　關於達文西和他的作品、生活的年代，還有更多有趣的知識等著你去研究。做研究的樂趣，就是可以考驗一下自己，能夠從哪些不同的資料來源，挖掘出意想不到的知識。

接下來提供一些方法，可以幫助你進行達文西的研究。

書籍

在大多數圖書館和書店，都可以找到許多有關達文西的書籍。

當你找到一本對研究有幫助的書，請記得以下幾點：

1. 不必把整本書都讀完。
   先看看目錄和索引，找出感興趣的主題。

2. 把書名抄下來。
   做筆記時，要確認是否把書名抄在筆記本上，這樣下次想參考時，才能再找到同一本書。

3. 千萬不要完全照抄書上的內容。

當你從書上學習到新知識時，請試著用自己的話表達出來。

4. 確認參考書籍的真實性。

有些關於達文西的書籍是虛構的故事，這類虛構的故事稱為小說。這些書籍讀起來非常生動有趣，但並不適合拿來做研究。對研究有幫助的書籍，最好是描述確切的事實與真實的事件，而不要有虛構的情節，這類書籍稱為知識讀本。

圖書館員或老師可以幫助你分辨參考書籍是小說，還是知識讀本。

這裡列出幾本有關達文西與文藝復興的中文書籍：

- 《達文西：偉大的夢想家》，羅伯特・貝爾德著，黃筱茵譯（小天下）。

- 《達文西：飛向宇宙的全能天才》，凱瑟琳・克魯爾著，楊雅婷譯（天下雜誌）。

- 《天才藝術家：達文西》，米蘭娜・馬尼亞諾著，楊柳譯（閣林）。

- 《達文西與他的時代》，蘭利著，李儀芳譯（貓頭鷹）。

- 《圖解達文西天才發明》，多明尼哥・羅倫佐等著，羅倩宜等譯（世茂）。

- 《達文西》，謝爾溫‧努蘭著，曾麗文譯（左岸文化）。
- 《數學與蒙娜麗莎》，布倫‧阿特列著，牛小婧等譯（時報文化）。
- 《文藝復興》，柯爾著，李儀芳譯（貓頭鷹）。
- 《義大利文藝復興的宮廷藝術》，愛麗蓀‧柯爾著，黃珮玲譯（遠流）。

以及幾本英文書籍：

- *Amazing Leonardo da Vinci Inventions You Can Build Yourself* by Maxine Anderson
- *Leonardo da Vinci* by Diane Stanley
- *Leonardo da Vinci for Kids: His Life and Ideas* by Janis Herbert
- *Leonardo da Vinci: The Genius Who Defined the Renaissance* by John Phillips
- *Michelangelo,* Getting to Know the World's Greatest Artists series, by Mike Venezia
- *Renaissance,* a DK Eyewitness Book, by Alison Cole

美術館與博物館

　　很多美術館和博物館固定展出達文西的作品，也有一些特別的展覽會在各地巡迴展出，記得留意一下展覽訊息。這些展覽可以幫助你了解達文西的作品和生平。

當你到美術館或博物館參觀時，要記得以下幾件事：

1. 一定要帶著筆記本！

　　把你感興趣的每件事物都記下來，也可以用畫的。

2. 多發問。

　　美術館或博物館一般都有導覽人員，可以幫你找尋你想找的東西。

107

3. 記得看一看美術館或博物館的活動行事曆。

許多美術館和博物館都有專門為兒童設計的特展或活動。

以下列出幾所國際知名的美術館和博物館，裡面有關於達文西的展覽，有機會可以前往參觀：

- 羅浮宮博物館，位於法國巴黎。
- 達文西博物館，位於法國昂布瓦茲市。
- 烏菲茲美術館，位於義大利佛羅倫斯。
- 達文西科技博物館，位於義大利米蘭。

- 英國國家美術館， 位於英國倫敦。
- 蓋蒂博物館， 位於美國洛杉磯。
- 大都會博物館， 位於美國紐約。
- 美國國家藝廊， 位於美國華盛頓特區。

影片

市面上有一些關於達文西的影片。找影片就像找參考書籍一樣，請務必確認影片的真實性，因為虛構的商業電影裡常參雜許多想像！

可以在圖書館或是影片出租店，找到下列關於達文西的知識影片：

- 「達文西」，BBC 英國國家廣播公司。
- 「蒙娜麗莎的微笑」，BBC 英國國家廣播公司。
- 「跨世紀天才——達文西傳奇的一生」，唯翔文化事業有限公司。

- 「西方藝術的黃金歲月2：達文西」，五泰多媒體股份有限公司。

網路

許多網站提供了大量關於達文西和文藝復興的知識，有的網站甚至還有小遊戲，讓你的學習過程更有樂趣！

這裡列出一些介紹達文西的網站，你也可以請老師或爸媽幫忙查詢，找出更多相關的優質網站：

- 文化部兒童文化館主題閱讀區「認識天才達文西」單元：

  http://children.moc.gov.tw/topic/animation.php?id=200601B01

- 視覺素養學習網「達文西」單元：

vr.theatre.ntu.edu.tw/fineart/painter-wt/

davinci/davinci.htm

以下提供的是英文網站：

- 魔法學習網站「義大利的發明家：達文西」單元：

enchantedlearning.com/inventors/page/

d/davinci.shtml

- 波士頓科學博物館數位展覽「達文西」單元：

mos.org/leonardo

索引

圖片來源

國家圖書館出版品預行編目（CIP）資料

達文西／瑪麗・波・奧斯本（Mary Pope Osborne），
　娜塔莉・波・博以斯（Natalie Pope Boyce）文；
　薩爾・莫多卡（Sal Murdocca）、吳健豐圖；劉藍玉譯.
　-- 第一版. -- 臺北市：遠見天下文化，2013.11
　　面；　　公分. --（神奇樹屋小百科；15）（工具書館；115）
　注音版
　譯自：*Leonardo da Vinci*
　（MAGIC TREE HOUSE FACT TRACKER series, BOOK#19）
　ISBN 978-986-320-334-6（平裝）

　1.達文西（Leonardo, da Vinci, 1452-1519）
　2.藝術家　3.科學家　4.通俗作品

909.945　　　　　　　　　　　　　　　　　　102023244

典藏小天下叢書的 5 種方法

1. 網路訂購

歡迎全球讀者上網訂購，最快速、方便、安全的選擇
小天下書坊 http://www.gkids.com.tw

2. 請至鄰近各大書局選購

3. 團體訂購，另享優惠

請洽讀者服務專線（02）2662-0012 或（02）2517-3688 分機 912
單次訂購超過新台幣一萬元，台北市享有專人送書服務。

4. 加入「天下遠見讀書俱樂部」

到專屬網站 http://www.gkids.com.tw 登錄「會員邀請書」

5. 親至遠見・天下文化事業群專屬書店「93巷人文空間」選購

地址：台北市松江路93巷2號1樓　電話：（02）2509-5085　**轉**753、754

小天下 2002年10月創立 神奇樹屋小百科⑮ 達文西

作　　者	瑪麗・波・奧斯本（Mary Pope Osborne）、娜塔莉・波・博以斯（Natalie Pope Boyce）
繪　　圖	薩爾・莫多卡（Sal Murdocca）、吳健豐
譯　　者	劉藍玉
執行副總編輯	李　黨
責任編輯	黃雅蕾、張容瑱（特約）
封面設計暨美術編輯	吳慧妮（特約）

出版者	遠見天下文化出版股份有限公司
創辦人	高希均、王力行
遠見・天下文化・事業群 董事長	高希均
事業群發行人／CEO	王力行
出版事業部總編輯	許耀雲
版權部經理	張紫蘭
法律顧問	理律法律事務所陳長文律師
著作權顧問	魏啟翔律師
社　　址	台北市104松江路93巷1號
讀者服務專線	（02）2662-0012
傳　　真	（02）2662-0007；（02）2662-0009
電子信箱	gkids@cwgv.com.tw
直接郵撥帳號	1326703-6號　遠見天下文化出版股份有限公司

製版廠	東豪印刷事業有限公司
印刷廠	盈昌印刷有限公司
裝訂廠	政春裝訂實業有限公司
登記證	局版台業字第2517號
總經銷	大和書報圖書有限公司　電話（02）8990-2588
出版日期	2013年11月28日第一版第1次印行

定價／180元

原著書名／MAGIC TREE HOUSE FACT TRACKER series——
　　　　　Book #19: *Leonardo Da Vinci*
Text copyright © 2009 by Mary Pope Osborne and Natalie Pope Boyce
Illustrations copyright © 2009 by Sal Murdocca
Complex Chinese Edition Copyright © 2013 by Global Kids Books,
a member of Commonwealth Publishing Group
Published by arrangement with Random House Children's Books,
a division of Random House, Inc. through Bardon-Chinese Media Agency
Magic Tree House™ is a trademark of Mary Pope Osborne, used under license.
The MAGIC TREE HOUSE™ FACT TRACKER series was formerly known
as the Magic Tree House™ Research Guide series.
ALL RIGHTS RESERVED

ISBN：978-986-320-334-6（平裝）
書　號：KR115

小天下網址　http://www.gkids.com.tw
※本書如有缺頁、破損、裝訂錯誤，請寄回本公司調換。